Sciurti Manuel

COME PREPARARE L'ESAME PRATICO PER LA PATENTE DI GUIDA B

ANNO 2024

Attribuzione Immagine di copertina: Immagine presa dalle banche dati di "cover creator" di Amazon.

Titolo: COME PREPARARE L'ESAME PRATICO PER LA PATENTE DI GUIDA B

Sottotitolo: ANNO 2024

Autore: Sciurti Manuel
Anno di pubblicazione: 2024

DISCLAIMER:

Le informazioni contenute in questo libro sono a scopo informativo e non fanno riferimento alla particolare situazione di un individuo o di una persona giuridica. Non costituiscono oggetto di consulenza. Questi contenuti non possono sostituire la consulenza individuale da esperti in singoli casi concreti. Nessuno dovrebbe agire sulla base di queste informazioni senza un'adeguata consulenza professionale e senza un esame approfondito della situazione.
L'Autore non si assume nessuna responsabilità per le decisioni prese da parte del lettore sulla base delle informazioni fornite in questo libro.

INDICE

INTRODUZIONE

Quest'opera vuole essere un utile manuale per preparare in maniera efficace l'esame pratico per ottenere la patente di guida per la categoria B. Infatti, nel 2024 la pratica durerà circa 30 minuti e consisterà nel guidare un'automobile su una strada pubblica. Per questo motivo, è opportuno sia conoscere l'attuale codice della strada, ma anche avere una buona padronanza del mezzo. Di conseguenza, il libro offre tutte le conoscenze necessarie per preparare adeguatamente questa tipologia d'esame. Infatti, la categoria B consente di guidare autoveicoli con massa inferiore alle 3,5 tonnellate, moto di cilindrata inferiore ai 125 cc e veicoli trainati con massa inferiore alle 4,25 tonnellate. Quindi, bisogna sia conoscere i concetti di meccanica di base di un autoveicolo, ma anche come utilizzarlo in un contesto di guida su una strada pubblica. Inoltre, bisogna apprendere la segnaletica stradale, come i divieti, i segnali di pericolo e i segnali di precedenza. Infatti, la valutazione prenderà in considerazione diversi fattori, come la padronanza del veicolo, il rispetto delle norme e la conoscenza dei diversi criteri di sicurezza. Infine, si consiglia di adottare una guida rilassata durante l'esame, al fine di dare l'idea all'esaminatore di avere la padronanza di ciò che si sta facendo. In quanto, l'esame consisterà nel guidare un autoveicolo, con doppio comando, dove sul sedile del conducente si siederà il candidato, alla sua destra vi sarà l'istruttore di guida, mentre l'esaminatore si siederà sui sedili posteriori. Al termine dell'esame, il veicolo verrà accostato in uno spazio idoneo e l'esaminatore comunicherà l'esito dell'esame al candidato.

STRUTTURA DELL'ESAME

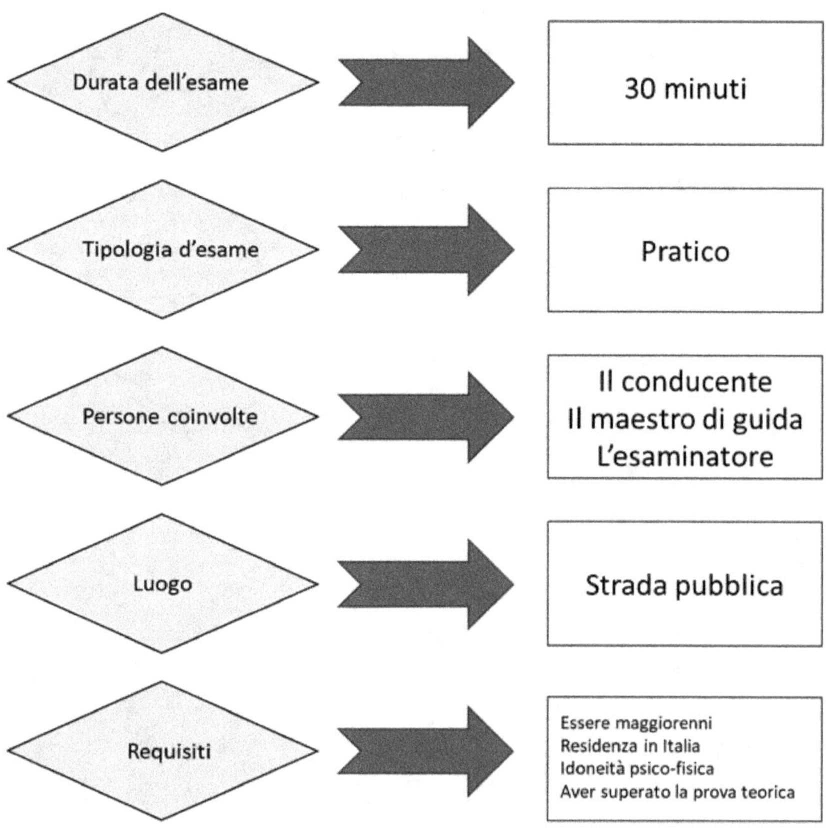

UTILIZZO DEL VEICOLO

Durante l'esame pratico, l'esaminatore valuterà attentamente l'utilizzo del veicolo da parte del conducente. Le fasi corrette da eseguire sono le seguenti:

- Regolare il sedile e gli specchietti;

- Allacciare le cinture;

- Controllare lo stato di salute del veicolo, in particolare se vi sono delle spie accese;

- Accendere il motore;

- Controllare il traffico ed eventuali segnaletiche presenti;

- Partire avendo cura di usare gli appositi strumenti di illuminazione, come per esempio le frecce.

Per prima cosa, quando si sale su un autoveicolo bisogna regolare il sedile del conducente, affinché sia agevole e comodo raggiungere il volante, il cambio e i vari pedali. Successivamente si allacciano le cinture, adottando tutte le misure necessarie per la sicurezza in fase di guida. Per poi controllare lo stato di salute del veicolo avviandolo. In questo caso è opportuno visualizzare tutte le possibili spie che si possono accendere. La forma e il colore delle spie possono variare leggermente da veicolo a veicolo, ma si è ritenuto opportuno fare un breve compendio. Prima di tutto si può fare una distinzione cromatica, infatti le spie rosse indicano allarme, le spie arancioni indicano avvertimento, le spie verdi indicano segnalazione ed infine le spie bianche forniscono le informazioni generali.

Spie Luminose	
Spia rossa di forma rettangolare con all'interno i simboli più e meno.	Indica che il caricamento della batteria risulta essere insufficiente.
Spia rossa di forma circolare con all'interno un punto esclamativo.	Indica la perdita di pressione del sistema frenante.
Spia rossa di forma circolare con all'interno una P maiuscola.	Indica l'attivazione del freno a mano.
Spia gialla raffigurante una pompa di benzina.	Indica un basso livello di carburante.
Spia gialla raffigurante una linea a forma di spirale.	Indica il preriscaldamento delle candelette.
Spia rossa raffigurante le cinture di sicurezza.	Indica la necessità di allacciare le cinture di sicurezza.
Spia rossa raffigurante una caraffa d'olio.	Indica che la pressione dell'olio è insufficiente.

Attenzione particolare va riposta nella disposizione dei pedali. Infatti, partendo da sinistra verso destra, troviamo la frizione, il freno e l'acceleratore. La frizione permette di eseguire il cambio di marcia, il freno consente di rallentare, mentre l'acceleratore incrementa la velocità del veicolo. I pedali hanno una forma rettangolare e devono essere agevolmente raggiunti dal piede del conducente, per questo motivo è opportuno regolare bene il sedile.

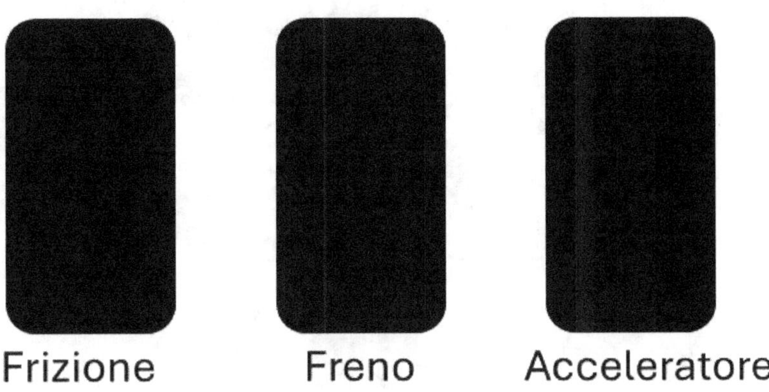

Figura 1 – Disposizione dei pedali

Successivamente, si può accendere il veicolo, accertandosi di aver compiuto adeguatamente tutte le fasi precedenti. La fase di immissione nella strada pubblica deve essere attentamente studiata, in quanto bisogna guardare bene tutti gli specchietti al fine di rispettare eventuali diritti di precedenza evitando situazioni di pericolo con gli altri veicoli. Successivamente si può procedere avendo cura di attivare tutta l'illuminazione al fine di segnalare adeguatamente la propria presenza e per migliorare la visibilità. Ovviamente quando ci si appresta alla guida, non bisogna essere in stato di ebrezza. Quindi, si consiglia di non fare uso di sostanze alcoliche prima dell'esame pratico di guida per ottenere la patente di tipo B. Inoltre, si consiglia di essere rilassati, questo per migliorare la concentrazione e per trasmettere un senso di sicurezza durante la guida del veicolo. Per questo motivo è necessario prepararsi adeguatamente, facendo diverse pratiche su un veicolo a doppio comando con la supervisione dell'insegnante, al fine di incrementare le capacità di guida e le conoscenze normative. Si presenta ora un abitacolo così schematizzato:

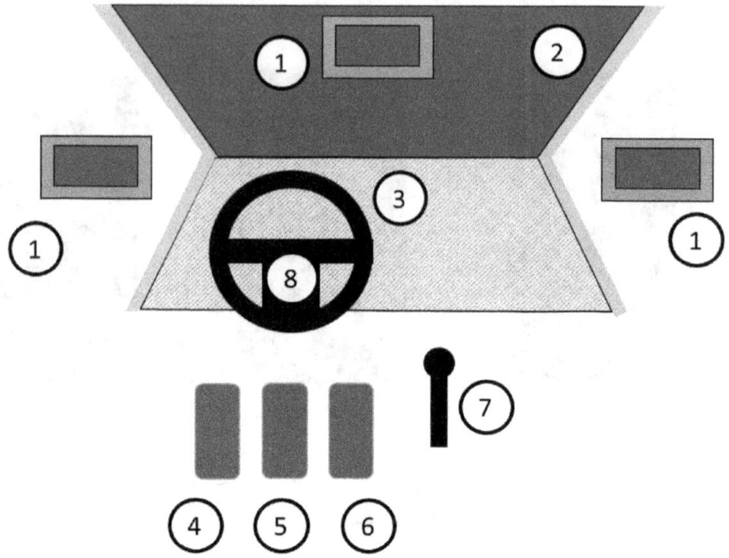

Figura 2 – Abitacolo schematizzato

Dove:

1 – Specchietti

2 – Parabrezza

3 – Cruscotto

4 – Frizione

5 – Freno

6 – Acceleratore

7 – Leva del cambio

8 – Volante

Partendo dallo schema sopra riportato, si passa ad illustrare le varie fasi necessarie per far partire correttamente un autoveicolo. Per prima cosa, ci si siede sul posto del conducente regolando il sedile e gli specchietti retrovisori.

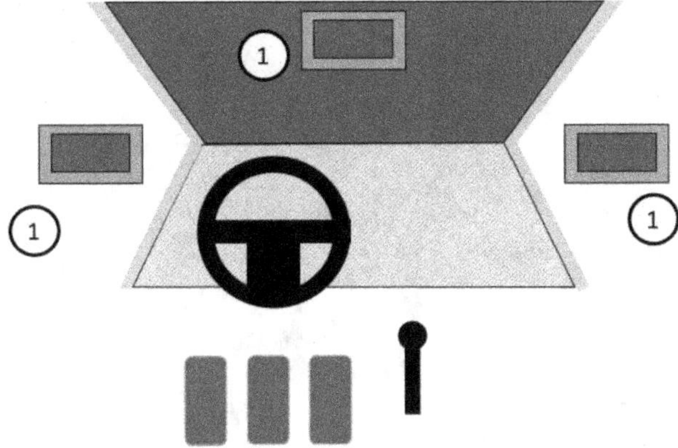

Figura 3 – Spiegazione fasi

Per poi allacciarsi le cinture di sicurezza. Successivamente si avvia il veicolo inserendo la chiave, per poi premere sul pedale della frizione, facendo particolarmente attenzione ad eventuali spie luminose anomale accese.

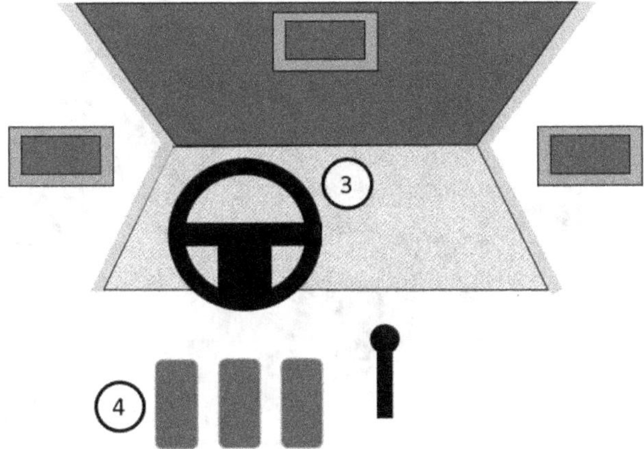

Figura 4 – Spiegazione fasi

Successivamente si innesta una marcia, che può essere la prima oppure la retromarcia e, contemporaneamente, si controlla se vi sono le condizioni per immettersi nella strada pubblica. Qualora le condizioni sussistano, si accende la freccia per indicare l'intenzione di immettersi in strada. Ovviamente, bisogna ricordarsi di attivare l'apposita illuminazione del veicolo.

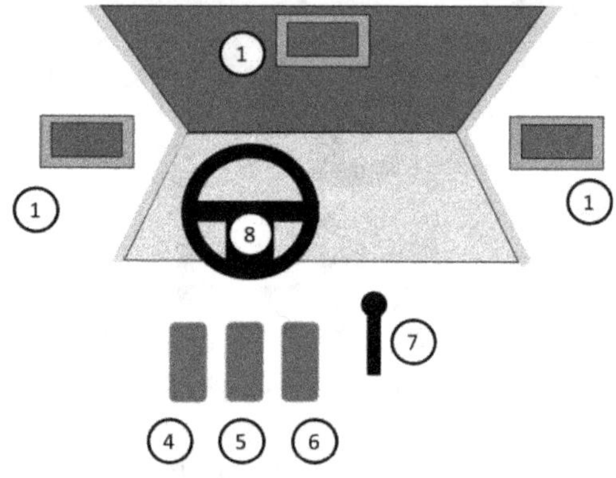

Figura 5 – Spiegazione fasi

Quando si è sulla strada pubblica, bisogna ricordarsi che per cambiare la marcia, oltre alla leva del cambio, bisogna spingere contemporaneamente il pedale della frizione.

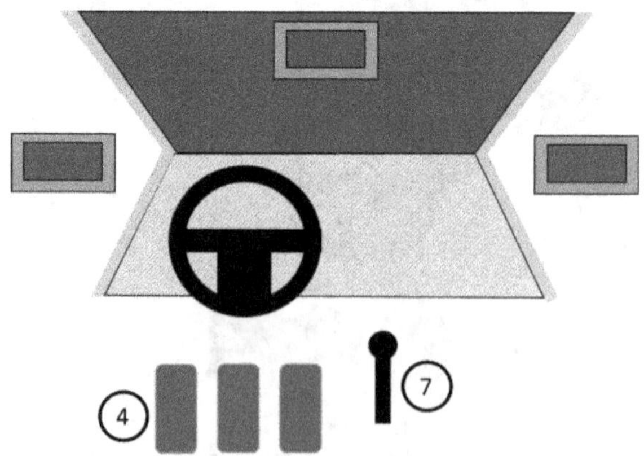

Figura 6 – Spiegazione fasi

Per aumentare la velocità bisogna premere sul pedale

dell'acceleratore.

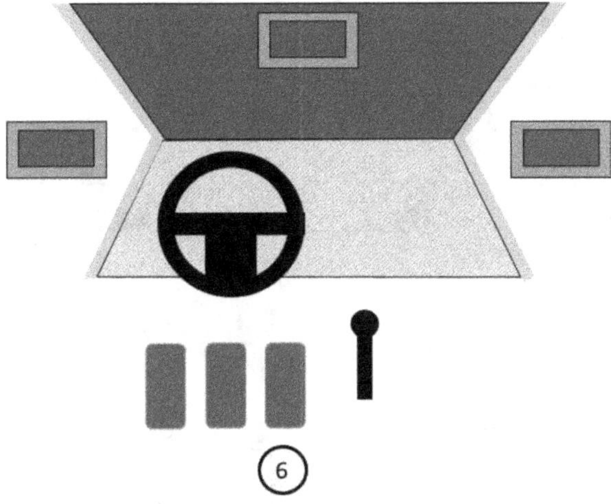

Figura 7 – Spiegazione fasi

Mentre, per diminuirla bisogna premere sul pedale del freno.

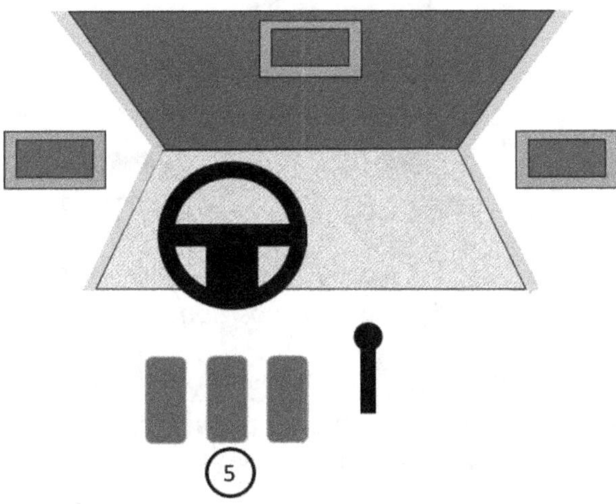

Figura 8 – Spiegazione fasi

Inoltre, ogni qualvolta si ha la necessità di svoltare a sinistra o a destra in un incrocio, bisogna segnalarlo con l'apposita illuminazione, ovvero le frecce. Tendenzialmente le frecce direzionali si trovano ai vertici del veicolo.

Figura 9 – Disposizione frecce

Vi sono poi diverse fonti luminose presenti in un veicolo. Tutte queste luci hanno una funzione particolare, ma in generale servono per incrementare la visibilità e la sicurezza durante la fase di guida. Per questo motivo è opportuno conoscere approfonditamente le modalità di impiego, al fine di saperle utilizzare in maniera adeguata in fase di esame.

Tipologia di fanale	Funzione
Luci di posizione	Servono per segnalare la presenza dell'automobile sulla strada pubblica.
Anabbagliante	Utilizzato principalmente durante la guida notturna per migliorare la visibilità.
Abbagliante	Impiegato nelle strade extraurbane in condizioni di scarsa luminosità.
Luce di stop	Si attiva quando si stanno azionando dei freni.
Freccia	Si attiva quando si vuole segnalare un cambio di direzione del veicolo.
Luce di retromarcia	Si attiva quando si sta azionando la retromarcia.
Retronebbia	Luce posteriore per aumentare la visibilità del veicolo in caso di nebbia.

Tabella 1 – Tipologia fanali

IL CODICE DELLA STRADA

Al fine di superare l'esame pratico per l'ottenimento della patente di guida è opportuno conoscere adeguatamente il codice della strada. Per questo motivo si introduce un breve compendio degli articoli più importanti. Si parte introducendo il concetto espresso dall'articolo numero 140, il quale afferma che gli utenti della strada devono tenere un comportamento volto a non creare pericoli e, allo stesso tempo, di non essere un intralcio per la circolazione. Un altro articolo degno di interesse è il numero 149. Infatti, afferma l'importanza del mantenimento della distanza di sicurezza tra i vari veicoli. Questo articolo vuole fare sì che vi sia un arresto tempestivo evitando un eventuale collisione con il veicolo posto di fronte al conducente. L'articolo numero 148 definisce che cos'è il sorpasso, ovvero la manovra che effettua un veicolo per superare un altro veicolo. Questa manovra deve avvenire in conformità con la segnaletica presente e garantendo, contemporaneamente, la sicurezza di tutti i veicoli presenti. L'articolo 38 del codice della strada definisce i seguenti gruppi di segnaletica stradale:

- Segnali verticali (Es. Cartelli stradali);
- Segnali orizzontali (Es. Strisce pedonali);
- Segnali luminosi (Es. Semafori).

I segnali verticali sono disciplinati dall'articolo 39 del codice della strada, i segnali orizzontali dall'articolo 40, mentre i segnali luminosi sono disciplinati dall'articolo 41. La definizione di sosta e fermata viene data dall'articolo numero 157 del codice della strada, esso infatti afferma:

Sosta: sospensione momentanea della marcia dell'autovettura, con la possibilità di allontanamento da parte del conducente.

Fermata: sospensione momentanea della marcia dell'autovettura per consentire la salita e la discesa di persone.

L'articolo 193 definisce l'obbligo di assicurazione per quanto riguarda la responsabilità civile. Infatti, si afferma che chiunque circoli senza copertura assicurativa è soggetto ad una sanzione amministrativa. La precedenza viene normata dall'articolo numero 145, infatti esso afferma che in presenza di una intersezione, vi è l'obbligo di dare la precedenza a chi viene da destra, a patto che non vi sia una apposita segnalazione che indichi il contrario. L'utilizzo dei dispositivi di illuminazione dei veicoli viene disciplinato dall'articolo numero 153. Questo articolo impone, tra l'altro, l'utilizzo dei dispositivi di illuminazione in condizioni di scarsa visibilità come nebbia, neve e forte pioggia. Inoltre, è previsto l'impiego dell'illuminazione di pericolo sono nei seguenti casi:

- Improvvisi rallentamenti;
- Presenza di code;
- Ingombro della careggiata;
- Presenza di veicoli a velocità ridotta.

L'utilizzo delle cinture di sicurezza viene disciplinato dall'articolo numero 172 del codice della strada. Questo articolo afferma che il conducente e i passeggeri hanno l'obbligo di utilizzare le cinture di sicurezza, in qualunque situazione di marcia. Si propone ora una tabella riassuntiva contenente gli articoli principali del codice della strada che bisogna ricordare quando si è alla guida di un veicolo.

Codice della strada	
Articolo	**Descrizione**
Art. 38	Questo articolo introduce i diversi gruppi di segnaletica stradale.
Art. 39	Questo articolo disciplina la segnaletica stradale verticale.
Art. 40	Questo articolo disciplina la segnaletica stradale orizzontale.
Art. 41	Questo articolo disciplina la segnaletica stradale luminosa.
Art. 140	Questo articolo disciplina il comportamento da tenere durante la guida di un veicolo.
Art. 145	Questo articolo fornisce i concetti fondamentali di precedenza.
Art. 148	Questo articolo definisce le modalità di sorpasso tra veicoli.

Tabella 2 – Descrizione articoli codice della strada

Codice della strada	
Articolo	**Descrizione**
Art. 149	Questo articolo disciplina la distanza di sicurezza.
Art. 153	Questo articolo disciplina l'utilizzo dei dispositivi di illuminazione.
Art. 157	Questo articolo disciplina i concetti di sosta e di fermata.
Art. 172	Questo articolo disciplina l'utilizzo delle cinture di sicurezza.
Art. 193	Questo articolo disciplina l'obbligo di assicurazione per la responsabilità civile.

Tabella 3 – Descrizione articoli codice della strada

COME PARCHEGGIARE

Il parcheggio viene spesso richiesto in sede di esame, per questo motivo si è ritenuto opportuno dedicare un apposito capitolo. Il parcheggio è una tipologia di manovra che si esegue quando un veicolo, per esempio un'automobile, vuole sostare in un apposito spazio. Nel parcheggiare bisogna prestare la massima attenzione, cercando di non creare situazioni pericolose per i veicoli in transito e per quelli parcheggiati. Per fare questo, occorre tenere in considerazione diverse informazioni, come:

- L'ampiezza dello spazio riservato al parcheggio;
- La grandezza del veicolo che si sta conducendo;
- La presenza di altri veicoli che transitano sulla pubblica via.

Quando si esegue un parcheggio bisogna segnalarlo con l'apposita illuminazione, ovvero la freccia direzionale dovrebbe indicare la direzione che il conducente ha intenzione di intraprendere, mentre, altre forme di illuminazione, come per esempio gli anabbaglianti, devono essere impiegati in caso di guida notturna. Successivamente bisogna posizionare il veicolo in modo da poter agilmente entrare nell'area prestabilita, con il minor numero di movimenti possibili. Successivamente, una volta aver posizionato il veicolo negli appositi spazi, si possono disattivare i vari fanali per poi spegnere il veicolo. Dopo aver definito i concetti di base, si passa a studiare maggiormente nel dettaglio questa particolare manovra. Si prende inizialmente il caso di un parcheggio eseguito in retromarcia. Infatti, si hanno le automobili A, B e C. Dove i veicoli A e B sono parcheggiati, mentre il veicolo C sta percorrendo la pubblica via.

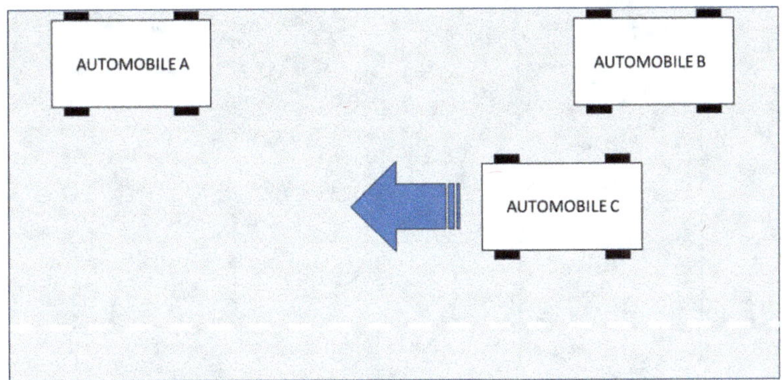

Figura 10 – Inizio fase di parcheggio

Per prima cosa, l'automobile C si affiancherà all'automobile A, in modo che il muso di C coincida con la parte posteriore di A. Contemporaneamente, bisogna assicurarsi che lo spazio disponibile sia una volta e mezzo la lunghezza di C.

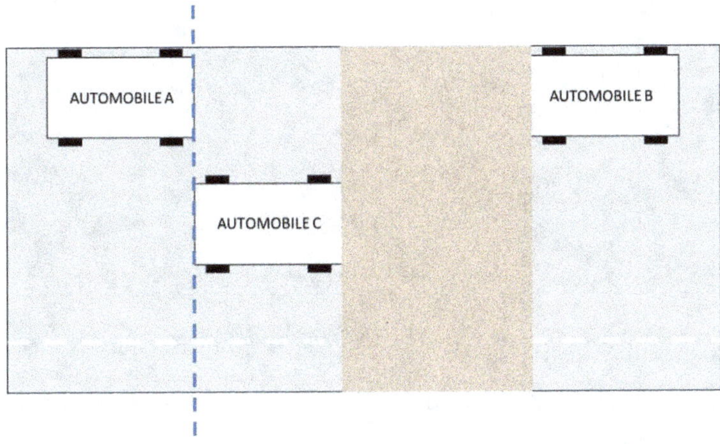

Figura 11 – Controllo dello spazio tra automobile A e B

Successivamente bisogna allineare le ruote dell'automobile C con la fine dell'automobile A, inserire la retromarcia e girare il volante verso destra.

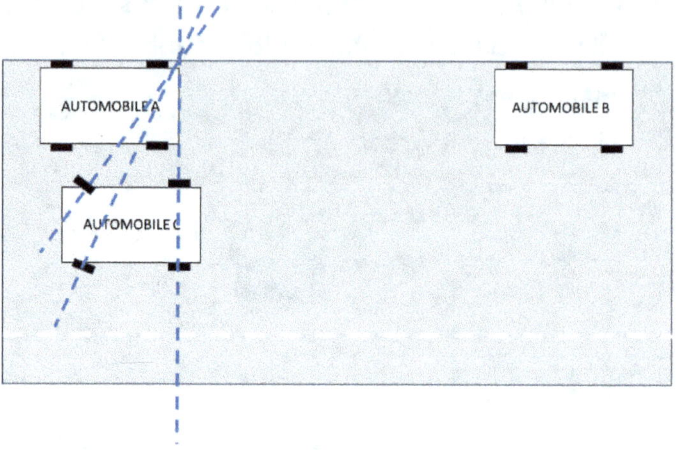

Figura 12 – Fase intermedia

Si procede con la manovra, fino a quando il fanale destro anteriore dell'automobile C va a coincidere con il fanale posteriore sinistro dell'automobile A.

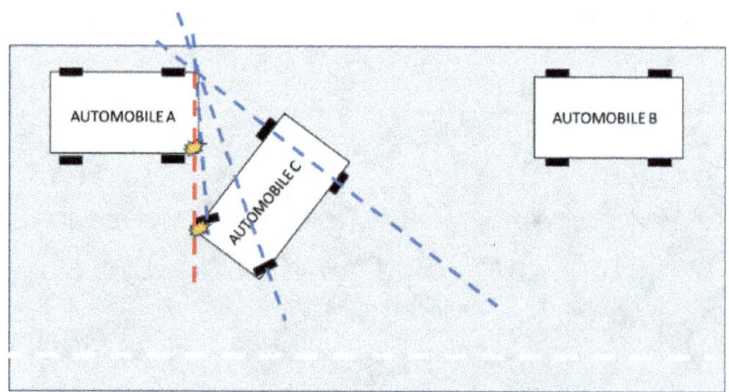

Figura 13 – Prosecuzione del parcheggio

Per poi voltare il volante tutto a sinistra e completare la manovra.

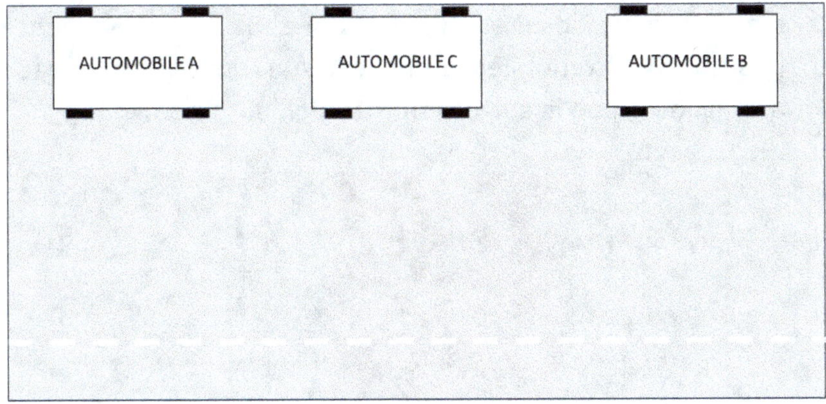

Figura 14 – Parcheggio terminato

Passiamo ora alla prossima tipologia di parcheggio, senza usare la retromarcia.

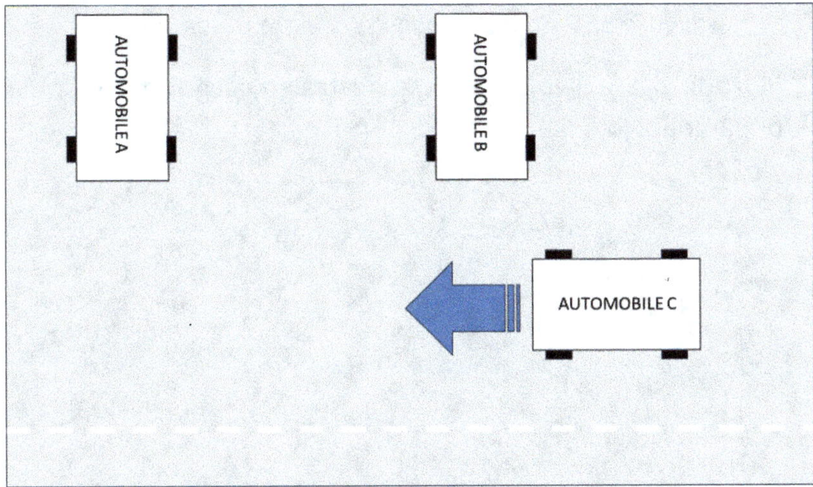

Figura 15 – Inizio fase di parcheggio

Per prima cosa bisogna sincerarsi che lo spazio a disposizione tra due veicoli, come l'automobile A e l'automobile B sia sufficiente per eseguire correttamente la manovra senza rischi per la sicurezza e l'incolumità degli automezzi. Lo spazio a disposizione, carpito con la linea rossa, deve quindi essere sufficiente per ospitare l'automobile C. Successivamente si posiziona l'automobile C affinché le sue ruote anteriori vadano a coincidere con lo spigolo sinistro dell'automobile B.

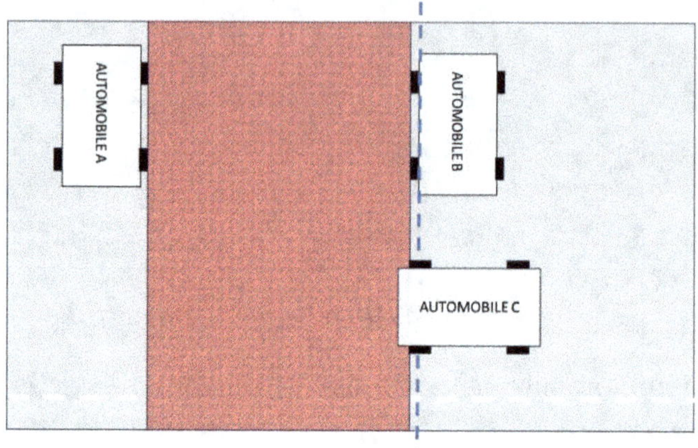

Figura 16 – Controllo dello spazio tra automobile A e B

Per poi, girare il volante verso destra ed eseguire la manovra di parcheggio.

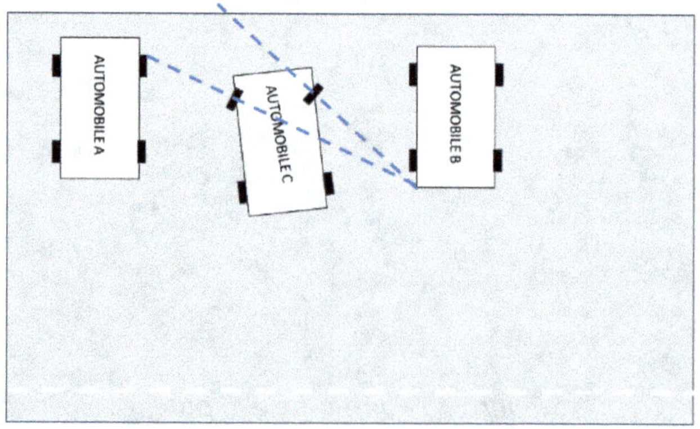

Figura 17 – Fase intermedia

Infine, si completa la manovra parcheggiando il veicolo correttamente. Come si può desumere dagli esempi finora riportati è necessario prestare la massima attenzione in fase di parcheggio, avendo cura di valutare bene le distanze e di segnalare correttamente, mediante l'apposita illuminazione, ciò che si vuole fare.

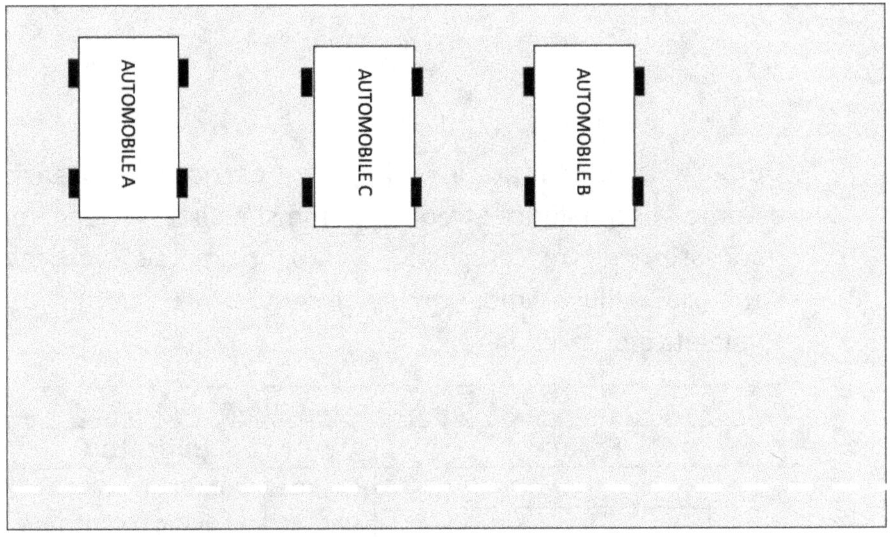

Figura 18 – Parcheggio terminato

LA SEGNALETICA

Durante la prova pratica di guida, particolare attenzione assume la segnaletica stradale. Come si è visto, la segnaletica può essere di tre categorie, ovvero orizzontale, verticale e luminosa. Illustriamo, maggiormente nel dettaglio la segnaletica orizzontale.

Segnaletica orizzontale	
Forma	**Significato**
	La linea continua presente su una strada indica il divieto di sorpassare.
	La linea tratteggiata indica la possibilità di sorpasso.
	Il conducente ha come riferimento la prima linea sulla sinistra.
	Le strisce pedonali mostrano il percorso da seguire, da parte del pedone, per attraversare la strada. I veicoli, in presenza delle strisce pedonali, devono dare la precedenza ai pedoni che le stanno attraversando.

Tabella 4 – Segnaletica orizzontale

Segnaletica orizzontale	
Forma	**Significato**
STOP	Indica la necessità di fermare il veicolo e dare la precedenza.
	Indica la necessità di dare la precedenza.

Tabella 5 – Segnaletica orizzontale

Per quanto riguarda i parcheggi, quelli delimitati da una linea bianca sono gratuiti, quelli delimitati da una linea blu sono a pagamento, mentre quelli gialli sono riservati.

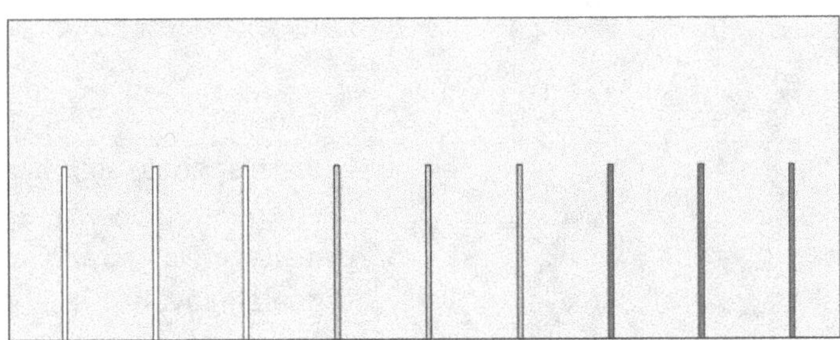

Figura 19 – Varie tipologie di parcheggi

Per quanto riguarda il semaforo, il colore rosso indica l'obbligo di fermarsi, il colore giallo indica l'obbligo di arrestarsi o se si è in procinto di attraversare l'intersezione, svolgere la manovra nel minor tempo possibile. Infine, il colore verde indica il via libera. Per quando riguarda la segnaletica verticale, prendiamo in considerazione i principali segnali. I quali si dividono in diverse categorie, ovvero segnali di pericolo, segnali di prescrizione, segnali di indicazione, segnali di cantiere e segnali complementari. Vediamo ora un breve riassunto dei segnali che, con maggiore frequenza, si incontrano.

Segnaletica verticale[1]	
Cartello	**Significato**
STOP	Segnale che impone di fermarsi e di dare la precedenza. Normalmente è presente in presenza di intersezioni stradali.
	Questo segnale significa dare precedenza. Infatti, in sua presenza bisogna dare precedenza ai veicoli che sono in procinto di attraversare l'intersezione.
	Questo segnale significa divieto di transito. Ovvero è vietato transitare la strada da quel segnale in avanti.

Tabella 6– Segnaletica verticale

[1] DECRETO 10 luglio 2002. Pubblicato sulla GU n. 226 del 26-9-2002.

Segnaletica verticale[1]	
Cartello	**Significato**
	Esprime il divieto di superare una determinata velocità, indicata in nero ed espressa in chilometri orari.
	Indica la direzione obbligatoria da seguire, in questo caso a sinistra. Le frecce possono essere rivolte a sinistra, destra o in alto (ovvero andare dritto).
	È un segnale di via libera. Ovvero, il punto oltre il quale tutte le prescrizioni precedenti smettono di esistere.
	Questo segnale indica la fine di una limitazione di velocità. Nel caso in esempio, indica la fine del limite dei 70 km/h.

Tabella 7– Segnaletica verticale

PARTENZA IN PENDENZA

In sede di esame può capitare di dover avviare il motore di un'automobile e di conseguenza far partire la vettura in condizioni di pendenza.

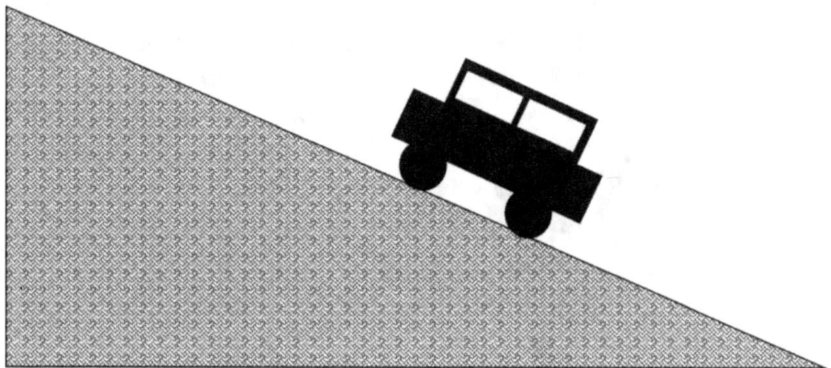

Figura 20 – Auto in pendenza

Per questo motivo, occorre prestare la massima attenzione, al fine di evitare situazioni di pericolo. In caso di parcheggio in pendenza, si parte con il frena mano attivato. Si inizia avviando il motore e, contemporaneamente, premendo sul pedale del freno e della frizione. Successivamente si disattiva il freno a mano, per poi inserire la prima. Infine, si toglie il piede sul pedale del freno, per poi dosare la pressione sul pedale dell'acceleratore e della frizione per mantenere la macchina in equilibrio, mentre per farla andare avanti basta premere un po' di più sul pedale dell'acceleratore. Occorre quindi molta concentrazione e un po' di esperienza, in quanto bisogna "sentire" l'autovettura che si sta guidando. Quindi, riassumendo graficamente le varie fasi.

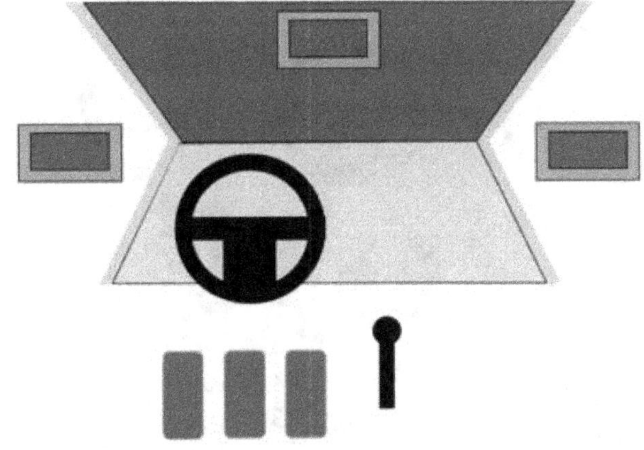

Figura 21 – Fase 1

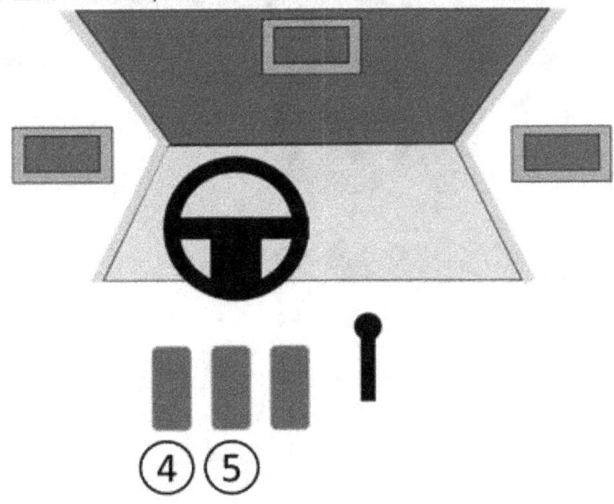

Figura 22 – Fase 2

FASE 3 – SI INSERISCE LA PRIMA

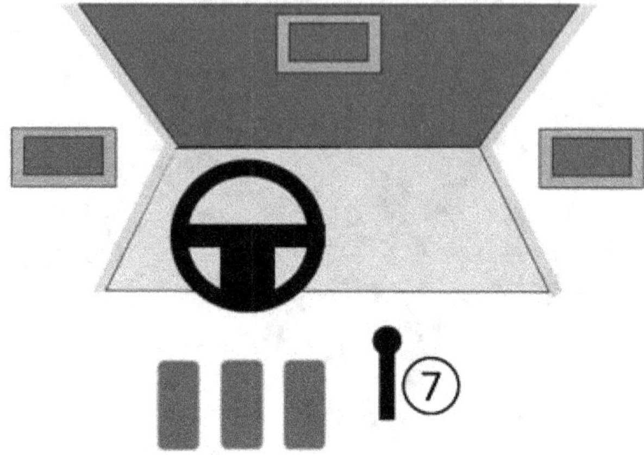

Figura 23 – Fase 3

FASE 4 – TOGLIERE IL PIEDE DEL FRENO E DOSARE LA PRESSIONE SULL' ACCELERATORE E SULLA FRIZIONE

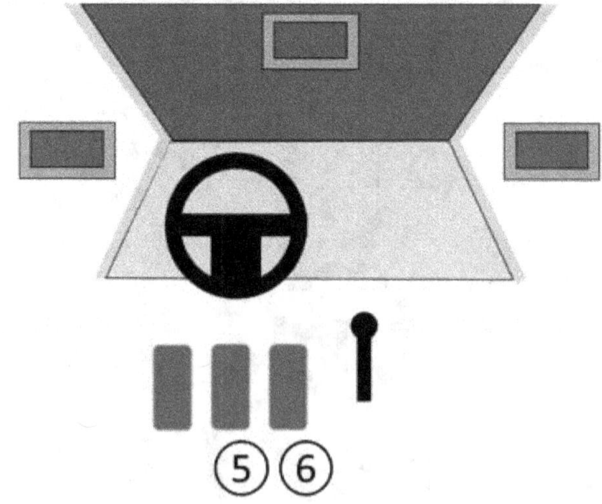

Figura 24 – Fase 4

GLI ERRORI PIÙ COMUNI

Si farà ora un breve compendio degli errori che più comunemente avvengono durante un esame pratico di guida. Infatti, non è raro commettere delle inesattezze che possono influire negativamente sull'esito dell'esame. Un primo genere di errori riguarda la disattenzione, ovvero non adottare tutti quegli accorgimenti necessari per rispettare le norme della strada. Come, per esempio, dimenticarsi di allacciare le cinture o non sistemare gli specchietti retrovisori. Inoltre, bisogna prestare particolare attenzione quando ci si appresta ad attraversare le linee pedonali, in quanto un pedone potrebbe comparire improvvisamente. Di conseguenza, bisogna arrestare il veicolo dando la possibilità al pedone di attraversare la strada in massima sicurezza. In presenza di rotonde occorre prestare la massima attenzione nel dare correttamente la precedenza e nel segnalare correttamente l'immissione e l'uscita mediante l'impiego degli indicatori di direzione, le frecce, presenti nell'automobile. Quando si esegue un sorpasso di un altro veicolo occorre verificare che la segnaletica lo consenta, quindi bisogna prestare attenzione, per esempio, ai cartelli stradali e alla segnaletica orizzontale. Un altro genere di errori riguarda la mancata comprensione di rischi derivanti dalle condizioni atmosferiche. Infatti, la presenza di venti forti, piogge o addirittura nevicate può influire pesantemente durante la guida di un veicolo. In quanto, una scarsa aderenza tra i pneumatici e l'asfalto può rendere più difficoltosa la guida, per questo motivo è richiesta la massima attenzione ogni qualvolta si ha che fare con fenomeni atmosferici avversi. Infine, occorre presentarsi all'esame tranquilli e rilassati, in quanto l'ansia può influire negativamente sulla concentrazione in fase di guida.

TEST DI AUTOVALUTAZIONE

In questo capitolo si presenteranno alcune domande a risposta multipla atte a valutare il grado di preparazione raggiunto. Ovviamente la complessità dell'esame richiede una conoscenza approfondita di diverse tematiche, ma si è ritenuto comunque opportuno fornire un breve compendio.

1) Come deve essere la distanza di sicurezza da tenere in condizioni di asfalto bagnato rispetto a quello asciutto?

A. Maggiore

B. Minore

C. Uguale

D. Nettamente minore

2) Cosa significa la striscia continua presente in una carreggiata?

    A. Permesso di sorpasso

    B. Presenza di un attraversamento pedonale

    C. Divieto di sorpasso

    D. Dare la precedenza

3) Qual è la prima operazione da fare quando ci si siede in macchina?

    A. Mettere la retromarcia

    B. Allacciare la cintura di sicurezza

    C. Regolare il sedile e gli specchietti

    D. Accendere il motore

4) Che scopo ha il pedale dell'acceleratore?

    A. Aumentare la velocità

    B. Ridurre la velocità

    C. Permettere il cambio di marcia del veicolo

    D. Accendere le luci di segnalazione

5) Che scopo ha il pedale del freno?

    A. Aumentare la velocità

    B. Ridurre la velocità

    C. Permettere il cambio marcia del veicolo

    D. Accendere le luci di segnalazione

6) Che scopo ha il pedale della frizione?

    A. Aumentare la velocità

    B. Ridurre la velocità

    C. Permettere il cambio marcia del veicolo

    D. Accendere le luci di segnalazione

7) Che cosa indicano le spie rosse in un'automobile?

    A. Allarme

    B. Avvertimento

    C. Segnalazione

    D. Informazioni generali

8) Che cosa indicano le spie arancioni in un'automobile?

    A. Allarme

    B. Avvertimento

    C. Segnalazione

    D. Informazioni generali

9) Che cosa indicano le spie verdi in un'automobile?

    A. Allarme

    B. Avvertimento

    C. Segnalazione

    D. Informazioni generali

10) Che cosa indicano le spie bianche in un'automobile?

    A. Allarme

    B. Avvertimento

    C. Segnalazione

    D. Informazioni generali

11) In quali casi è previsto l'impiego dell'illuminazione di pericolo?

    A. Ingombro della careggiata

    B. Presenza di code;

    C. Improvvisi rallentamenti

    D. Tutti i precedenti

12) Che cos'è il parabrezza?

A. Il vetro posteriore

B. Lo specchietto retrovisore

C. Il vetro anteriore

D. Il cruscotto

13) Che ruolo ha lo specchietto retrovisore?

A. Dare una visuale di ciò che accade dietro il veicolo

B. Oscurare la luce solare

C. Permettere il ricambio di aria

D. Avviare le luci di segnalazione

14) Quale delle seguenti opzioni rientra nella segnaletica verticale?

A. Strisce pedonali

B. Cartelli stradali

C. Semaforo

D. Strisce di mezzeria

15) Quale delle seguenti opzioni rientra nella segnaletica luminosa?

A. Strisce pedonali

B. Cartelli stradali

C. Semaforo

D. Strisce di mezzeria

16) Quale delle seguenti opzioni rientra nella segnaletica orizzontale?

A. Strisce pedonali

B. Cartelli stradali

C. Semaforo

D. Tabelloni luminosi rilevatori di velocità

17) Quando bisogna allacciare le cinture di sicurezza?

A. Quando si svolta a destra

B. Quando si è in autostrada

C. Quando si superano i 130 km/h

D. Ogni qualvolta si ha intenzione di guidare un'automobile su una strada pubblica

18) Quando si vuole svoltare a destra o a sinistra in un incrocio cosa bisogna utilizzare?

A. Le luci di posizione

B. Il clacson

C. Le frecce

D. I fari abbaglianti

19) Che ruolo ha il semaforo in un'intersezione semaforica?

A. Segnala la presenza del ghiaccio su strada

B. Segnala la presenza di un cantiere stradale

C. Regola la circolazione con luci verde, rosse e gialle.

D. Avverte di dare la precedenza a destra

20) Che cosa bisogna fare quando un pedone si accinge ad attraversare le linee pedonali?

A. Accelerare

B. Fermare il veicolo dando la precedenza al pedone

C. Suonare il clacson

D. Spegnere le luci del veicolo

21) Quale tipologia di veicolo viene utilizzato durante la prova pratica per l'ottenimento della patente B?

A. Veicolo con rimorchio

B. Un trattore

C. Veicolo con i comandi solo sul posto del conducente

D. Veicolo a doppio comando

22) Cosa bisogna fare quando in una intersezione semaforica il semaforo accende la luce verde?

A. Proseguire attraversando l'intersezione semaforica

B. Spegnere il veicolo

C. Suonare il clacson

D. Fermarsi

23) Partendo da sinistra verso destra quale pedale si trova per primo?

A. La frizione

B. L'acceleratore

C. Il freno

D. Il freno a mano

24) Partendo da sinistra verso destra quale pedale si trova per secondo?

    A. La frizione

    B. L'acceleratore

    C. Il freno

    D. Il freno a mano

25) Partendo da sinistra verso destra quale pedale si trova per terzo?

    A. La frizione

    B. L'acceleratore

    C. il freno

    D. il freno a mano

26) Quanti pedali ci sono nella postazione del conducente?

A. Uno

B. Due

C. Tre

D. Quattro

27) In quale circostanza può venire impiegato il freno a mano?

A. Quando si accende il motore

B. Di fronte a un casello autostradale

C. Quando si è in coda in autostrada

D. Quando si parcheggia su una strada con elevata pendenza

28) Quale colore ha la spia che indica l'attivazione del freno a mano?

A. Verde

B. Giallo

C. Bianco

D. Rosso

29) Quale colore ha la spia che indica un basso livello di carburante?

A. Verde

B. Giallo

C. Bianco

D. Rosso

30) Quale colore ha la spia che indica un livello di batteria insufficiente?

A. Verde

B. Giallo

C. Bianco

D. Rosso

31) Quale colore ha la spia che indica la necessità di allacciare le cinture?

A. Verde

B. Giallo

C. Bianco

D. Rosso

32) Dove è posizionato il contachilometri di un'autovettura?

A. Sul cruscotto

B. Nel parabrezza

C. Sul sedile posteriore

D. Sul sedile anteriore

33) Che ruolo ha il volante?

A. Aprire le portiere

B. Far cambiare la direzione al veicolo

C. Inclinare il sedile del conducente

D. Inclinare il sedile del passeggero

34) Quanto dura in media l'esame pratico per la patente B?

    A. 6 ore

    B. 4 ore

    C. 30 minuti

    D. 2 ore

35) A cosa serve il freno a mano?

    A. Ad accelerare

    B. Del committente

    C. A fermare il veicolo

    D. A fare retromarcia

36) Con quale lettera viene indicata la retromarcia?

A. F

B. G

C. D

D. R

37) Quale dei seguenti documenti è necessario portare sempre con sé quando si guida un autoveicolo?

A. La patente di guida

B. Il codice fiscale

C. la tessera sanitaria

D. La patente nautica

38) Dopo quale età è possibile sostenere l'esame pratico per la patente di guida?

    A. 22 anni

    B. 21 anni

    C. 20 anni

    D. 18 anni

39) Che funzione ha il tergicristallo?

    A. Alzare o abbassare gli specchietti retrovisori

    B. Aumentare la luminosità delle luci

    C. Togliere l'acqua dal parabrezza

    D. Ridurre l'inquinamento

40) Che funzione ha la cintura di sicurezza?

A. Regolare il sedile

B. Riscaldare il conducente

C. Rendere comoda la guida

D. Aumentare la sicurezza

41) Perché è necessario regolare il sedile del conducente di un veicolo?

A. Per migliorare la comodità durante la guida

B. Per riscaldare il conducente

C. Per ripartire meglio le valigie nei sedili posteriori

D. Per favorire il ricambio di aria

42) Che funzione ha il parabrezza?

    A. Regolare il sedile

    B. Aumentare il riciclo d'aria

    C. Proteggere il conducente dall'aria in movimento

    D. Illuminare la strada

43) Qual è la marcia successiva alla prima?

    A. La seconda

    B. La terza

    C. La quarta

    D. La quinta

44) Cosa bisogna fare di fronte a un segnale di STOP?

A. Svoltare a sinistra

B. Accendere le luci abbaglianti

C. Accelerare

D. Arrestare il veicolo e dare la precedenza

45) Che cos'è la distanza di sicurezza?

A. L'altezza del sedile

B. La distanza di sicurezza è la distanza minima da tenere dal veicolo di fronte

C. La lunghezza dell'autovettura

D. La larghezza della carreggiata

46) Come è la linea di mezzeria che consente il sorpasso su una strada pubblica?

A. Continua

B. Doppia continua

C. Tratteggiata

D. Elicoidale

47) Qual è il colore della linea che delimita un parcheggio a pagamento?

A. Rosso

B. Verde

C. Blu

D. Bianco

48) Come bisogna comportarsi in caso di guida notturna?

A. Bisogna prestare la massima
    attenzione e accendere i fanali

B. Bisogna fermare il veicolo

C. Bisogna procedere a piedi

D. Bisogna accostare sulla destra

49) Qual è il colore della luce che si attiva in caso di retromarcia?

A. Rossa

B. Verde

C. Bianca

D. Gialla

50) Che cosa sono i fanali?

A. Dei pedali

B. Dispositivi che generano un fascio luminoso

C. Delle maniglie

D. Delle spie luminose

51) Quale dispositivo bisogna azionare per tenere la macchina ferma quando si parcheggia in pendenza?

A. Il volante

B. Il freno a mano

C. Acceleratore

D. Frecce direzionali

52) Che forma ha il segnale di stop?

A. Triangolare

B. Esagonale

C. Quadrata

D. Circolare

53) Che cos'è il disco orario?

A. Un misuratore di velocità di un'automobile

B. Uno strumento per indicare l'orario di parcheggio

C. Uno sportello

D. Un orologio

54) Che forma ha il segnale che indica il divieto di superare una determinata velocità?

A. Triangolare

B. Esagonale

C. Quadrata

D. Circolare

55) Che colore hanno le strisce che delimitano i parcheggi riservati?

A. Bianche

B. Gialle

C. Blu

D. Rosse

56) Che forma ha il segnale che indica il divieto di transito?

A. Triangolare

B. Esagonale

C. Quadrata

D. Circolare

57) Che colore hanno le strisce che delimitano i parcheggi gratuiti?

A. Bianche

B. Gialle

C. Blu

D. Rosse

58) Che cosa significa parcheggiare?

    A. Sostare il veicolo in un'area appositamente definita

    B. Utilizzare la corsia di sorpasso in autostrada

    C. Sorpassare un motociclista

    D. Utilizzare il freno a mano

59) In quale dei seguenti casi si utilizza il freno a mano?

    A. Quando si è di fronte ad un segnale di stop

    B. Quando si parcheggia in pendenza

    C. Per spegnere il motore

    D. Quando si accendono gli anabbaglianti

60) Dove sono posizionati i pedali in un'automobile a doppio comando?

A. Sul posto del conducente

B. Solo posto riservato al passeggero a destra del conducente

C. Sul posto del conducente e sul posto del passeggero a destra del conducente

D. Sotto i sedili posteriori

61) Come viene espressa la velocità sul contachilometri?

A. In metri

B. In ore

C. In chilometri

D. In chilometri fratto ore

62) Di che colore sono le luci che indicano che si sta azionando il freno?

A. Bianche

B. Verdi

C. Rosse

D. Arancioni

63) Di che colore sono le luci che si attivano quando si fa retromarcia?

A. Bianche

B. Verdi

C. Rosse

D. Arancioni

64) A chi sono riservate le strisce pedonali?

A. Ai pedoni

B. Ai veicoli

C. Ai camion

D. Alle automobili

65) Che cosa indica la striscia continua nella mezzeria della carreggiata?

A. Possibilità di sorpassare

B. Divieto di sorpasso

C. Svolta obbligatoriamente a sinistra

D. Dare la precedenza

66) Quando è consigliabile attivare i retronebbia?

A. In caso di asfalto bagnato

B. In caso di nebbia

C. Di notte

D. Di fronte a uno stop

67) Dove si trova il clacson?

A. Sul cruscotto

B. Sul sedile del passeggero

C. Sul volante

D. Sul pedale

68) Che cos'è il clacson?

A. Un fanale

B. Un segnalatore acustico

C. Un freno di emergenza

D. Un sedile

69) Quale colore ha il cartello di stop?

A. Giallo

B. Verde

C. Bianco

D. Rosso

70) Che ruolo hanno gli specchietti retrovisori?

    A. Permettere la visuale sulla parte posteriore del veicolo

    B. Aumentare l'illuminazione interna

    C. Accendere gli anabbaglianti

    D. Permettere la visuale sulla parte anteriore del veicolo

71) Di che colore sono le strisce pedonali?

    A. Gialle

    B. Verdi

    C. Bianche

    D. Rosse

72) Che cosa consente di fare la retromarcia?

    A. Azionare i tergicristalli

    B. Azionare il freno a mano

    C. Frenare

    D. Fare andare indietro il veicolo

73) Che cos'è il sedile?

    A. La postazione adibita alla seduta

    B. Un fanale

    C. Uno specchietto

    D. Un cruscotto

74) Quale delle seguenti opzioni non si trova sul cruscotto?

A. Contachilometri

B. Spie luminose

C. Numero giri del motore

D. Specchietto retrovisore

75) Che lettera ha la spia che indica l'attivazione del freno a mano?

A. V

B. H

C. P

D. R

76) Per quale motivo bisogna regolare gli specchietti retrovisori prima di partire?

A. Per avere una postura più comoda

B. Per avere una migliore visuale sulla parte posteriore

C. Per allacciarsi meglio la cintura

D. Specchietto retrovisore

77) Quale di questi colori non appartiene a un semaforo?

A. Rosso

B. Giallo

C. Verde

D. Blu

78) Che forma ha il segnale che indica la fine di una limitazione di velocità?

A. Circolare

B. Quadrato

C. Triangolale

D. Esagonale

79) Che cosa bisogna fare per far girare l'automobile a destra?

A. Utilizzare il pedale del freno

B. Girare il volante a destra

C. Premere l'acceleratore

D. Utilizzare il freno a mano

80) Che cosa è la fermata?

A. Un segnale verticale

B. Un parcheggio riservato39

C. Un segnale luminoso

D. Sospensione momentanea della marcia

SOLUZIONI

1) A. Maggiore

> **Commento**
>
> L'asfalto bagnato richiede una distanza di arresto maggiore rispetto alle condizioni di asfalto asciutto. Per questo motivo, la distanza di sicurezza da tenere è maggiore.

2) C. Divieto di sorpasso

> **Commento**
>
> La striscia continua presente a metà carreggiata rappresenta il divieto di sorpasso.

3) C. Regolare il sedile e gli specchietti

> **Commento**
>
> La prima operazione da fare quando ci si siede all'interno di un'automobile è quella di regolare il sedile e gli specchietti retrovisori. Questo per aumentare la comodità e la facilità di utilizzo dei comandi dell'automobile.

4) A. Aumentare la velocità

> **Commento**
>
> Il pedale dell'acceleratore serve per aumentare la velocità dell'automobile.

5) B. Ridurre la velocità

> **Commento**
>
> Il pedale del freno ha lo scopo di ridurre la velocità dell'automobile.

6) C. Permettere il cambio marcia del veicolo

> **Commento**
>
> Il pedale della frizione consente il cambio di marcia di un'automobile. Per esempio, di passare dalla terza alla quarta.

7) A. Allarme

> **Commento**
>
> Le spie rosse all'interno di un'automobile indicano allarme. Di conseguenza, si consiglia di prestare attenzione qualora si accendessero.

8) B. Avvertimento

> **Commento**
>
> Le spie arancioni forniscono un avvertimento.

9) C. Segnalazione

> **Commento**
>
> Le spie verdi forniscono una segnalazione.

10) D. Informazioni generali

> **Commento**
>
> Le spie bianche forniscono delle informazioni generali.

11) D. Tutte le precedenti

> **Commento**
>
> L'illuminazione di pericolo è prevista nei seguenti casi:
>
> - Ingombro della careggiata;
>
> - Presenza di code;
>
> - Improvvisi rallentamenti.

12) C. Il vetro anteriore

> ***Commento***
>
> Il parabrezza è il vetro che si trova davanti il conducente mentre guida.

13) A. Dare una visuale di ciò che accade dietro il veicolo

> ***Commento***
>
> La funzione fondamentale dello specchietto retrovisore è di dare una visuale chiara di ciò che accade dietro al veicolo.

14) B. Cartelli stradali

> ***Commento***
>
> Nella segnaletica verticale ricadono i cartelli stradali, come per esempio:
>
> -Segnali di pericolo;
>
> -Segnali di prescrizione;
>
> -Segnali di indicazione.

15) C. Semaforo

> **Commento**
>
> Un esempio di segnaletica luminosa applicata su una strada pubblica è il semaforo.

16) A. Strisce pedonali

> **Commento**
>
> Le strisce pedonali sono un esempio di segnaletica orizzontale applicata su una strada pubblica.

17) D. Ogni qualvolta si ha intenzione di guidare un'automobile su una strada pubblica

> **Commento**
>
> Le cinture di sicurezza sono uno strumento fondamentale per incrementare la sicurezza durante la guida di un veicolo. Per questo motivo, devono essere allacciate prima di avviare l'accensione del motore.

18) C. Le frecce

> **Commento**
>
> Le frecce sono dei dispositivi luminosi che indicano l'intenzione di svoltare a destra o a sinistra ai restanti veicoli.

19) C. Regola la circolazione con luci verde, rosse e gialle.

Commento

Il semaforo ha il fondamentale compito di regolare la circolazione in una intersezione semaforica. Infatti, il rosso ha il significato di arresto. Il colore giallo ha il significato di preavviso di arresto. Il colore verde ha il significato di via libera.

20) B. Fermare il veicolo dando la precedenza al pedone

Commento

Quando un pedone si accinge ad attraversare le strisce pedonali, bisogna fermare il veicolo che si sta guidando per dare la precedenza al pedone.

21) D. Veicolo a doppio comando

Commento

Durante l'esame di guida viene impiegato un'automobile dotata di doppio comando. Ovvero, i pedali sono presenti sia sulla posizione del conducente e sia sulla posizione del passeggero posto alla destra del conducente.

22) A. Proseguire attraversando l'intersezione semaforica

> **Commento**
>
> Quando il semaforo accende la luce verde, in un'intersezione semaforica, significa il via libera per attraversare l'intersezione.

23) A. La frizione

> **Commento**
>
> La frizione è il primo pedale che si trova partendo da sinistra verso destra.

24) C. Il freno

> **Commento**
>
> Il freno è il secondo pedale che si trova partendo da sinistra verso destra.

25) B. L'acceleratore

> **Commento**
>
> L'acceleratore è il terzo pedale che si trova partendo da sinistra verso destra.

26) C. Tre

> **Commento**
>
> I pedali presenti nella postazione del conducente sono tre, ovvero la frizione, il freno e l'acceleratore.

27) D. Quando si parcheggia su una strada con elevata pendenza

> **Commento**
>
> Una delle circostanze in cui deve essere attivato il freno a mano è quando si parcheggia in forte pendenza.

28) D. Rosso

> **Commento**
>
> La spia che indica l'attivazione del freno a mano ha un colore rosso.

29) B. Giallo

> **Commento**
>
> La spia che indica un basso livello di carburante ha un colore giallo.

30) D. Rosso

> **Commento**
>
> Un livello di batteria insufficiente viene indicato mediante una spia di colore rosso.

31) D. Rosso

> **Commento**
>
> Una spia di colore rosso indica la necessita di allacciare le cinture.

32) A. Sul cruscotto

> **Commento**
>
> il contachilometri di un'automobile è posizionato sul cruscotto, di fronte al sedile del conducente.

33) B. Far cambiare la direzione al veicolo

> **Commento**
>
> Il volante ha l'importante compito di far cambiare la direzione a un veicolo.

34) C. 30 minuti

> **Commento**
>
> L'esame di guida pratico ha una durata, in media, dai 25 ai 30 minuti.

35) C. A fermare il veicolo

> **Commento**
>
> Il freno a mano ha il compito di fermare il veicolo parcheggiato in pendenza. Il suo azionamento fa accendere una spia rossa sul cruscotto del veicolo.

36) D. R

> **Commento**
>
> La retromarcia, all'interno di un'automobile, è indicata con la lettera R.

37) A. La patente di guida

> **Commento**
>
> È necessario portare con sé la patente di guida ogni qualvolta ci si appresta a guidare un'automobile.

38) D. 18 anni

> **Commento**
>
> Per sostenere l'esame di guida pratico bisogna aver compiuto il diciottesimo anno di età.

39) C. Togliere l'acqua dal parabrezza

> **Commento**
>
> Il tergicristallo ha il fondamentale compito di pulire i vetri, come, per esempio, il parabrezza.

40) D. Aumentare la sicurezza

> **Commento**
>
> Le cinture di sicurezza hanno il compito fondamentale di aumentare la sicurezza dei passeggeri.

41) A. Per migliorare la comodità durante la guida

> **Commento**
>
> Regolare il sedile del conducente, prima di apprestarsi alla guida, consente di aumentare sia la comodità, ma anche la facilità nell'usare i vari dispositivi presenti nell'automobile.

42) C. Proteggere il conducente dall'aria in movimento

> **Commento**
>
> Il parabrezza del conducente permette una protezione dall'aria fredda in movimento.

43) A. La seconda

> **Commento**
>
> Le marcie di un'automobile hanno un andamento crescente. Quindi, partono sempre dalla prima per poi andare alla seconda.

44) D. Arrestare il veicolo e dare la precedenza

> **Commento**
>
> Di fronte a un cartello di STOP bisogna fermare il veicolo e dare la precedenza.

45) B. La distanza di sicurezza è la distanza minima da tenere dal veicolo di fronte

> **Commento**
>
> La distanza di sicurezza è la distanza minima da mantenere dal veicolo di fronte.

46) C. Tratteggiata

> **Commento**
>
> La linea di mezzeria su una strada pubblica, che permette il sorpasso, è tratteggiata.

47) C. Blu

> **Commento**
>
> Le strisce che delimitano i parcheggi di pagamento hanno un colore blu.

48) A. Bisogna prestare la massima attenzione e accendere i fanali

> **Commento**
>
> In caso di guida notturna bisogna accendere l'apposita illuminazione e prestare la massima attenzione.

49) C. Bianca

> **Commento**
>
> In caso di retromarcia, la lampadina che si attiva proietta una luce di colore bianco.

50) B. Dispositivi che generano un fascio luminoso

Commento

I fanali sono dei dispositivi, presenti nell'automobile che emettono un fascio luminoso.

51) B. Il freno a mano

Commento

Il freno a mano è il dispositivo d'azionare quando si vuole parcheggiare in pendenza.

52) B. Esagonale

Commento

Il segnale di STOP ha una forma esagonale, con uno sfondo rosso e una scritta bianca.

53) B. Uno strumento per indicare l'orario di parcheggio

Commento

Il disco orario è uno strumento, spesso di carta, che indica l'ora in cui si è parcheggiato.

54) D. Circolare

> **Commento**
>
> Il segnale che indica il divieto di superare una determinata velocità è un segnale di forma circolare.

55) B. Gialle

> **Commento**
>
> Le linee che delimitano i parcheggi riservati hanno un colore giallo.

56) D. Circolare

> **Commento**
>
> Il divieto di transito è regolato da un segnale di forma circolare.

57) A. Bianche

> **Commento**
>
> Le strisce dei parcheggi ad uso gratuito sono dipinte mediante una vernice di colore bianco.

58) A. Sostare il veicolo in un'area appositamente definita

> **Commento**
>
> Parcheggiare significa sostare un veicolo, come per esempio un'automobile o una moto, in una area appositamente definita.

59) B. Quando si parcheggia in pendenza

> **Commento**
>
> Il freno a mano viene impiegato quando si vuole parcheggiare un veicolo, come per esempio un'automobile, in un tratto in pendenza.

60) C. Sul posto del conducente e sul posto del passeggero a destra del conducente

> **Commento**
>
> I pedali di un'automobile a doppio comando sono posizionati sia sulla postazione del conducente e sia sulla postazione del passeggero a destra del conducente. Questa tipologia di autovettura viene impiegata nelle scuole guida.

61) D. In chilometri fratto ore

> **Commento**
>
> La velocità in un contachilometri viene espressa in chilometri fratto ore.

62) C. Rosse

> **Commento**
>
> Le luci che indicano che si sta azionando il freno sono rosse.

63) A. Bianche

> **Commento**
>
> Le luci che si attivano quando si fa retromarcia sono bianche.

64) A. Ai pedoni

> **Commento**
>
> Le strisce pedonali sono riservate ai pedoni.

65) B. Divieto di sorpasso

> **Commento**
>
> La striscia continua nella mezzeria di una carreggiata indica il divieto di sorpasso.

66) B. In caso di nebbia

> **Commento**
>
> I retronebbia è una tipologia di illuminazione, presente per esempio su un'automobile, che viene attivata in caso di guida con nebbia.

67) C. Sul volante

> **Commento**
>
> Il Clacson si trova sul volante al fine di facilitare l'impiego da parte del conducente.

68) B. Un segnalatore acustico

> **Commento**
>
> Le strisce pedonali sono riservate all'attraversamento dei pedoni.

69) D. Rosso

> **Commento**
>
> Il cartello di stop ha una forma esagonale, un colore rosso e la scritta bianca "STOP".

70) A. Permettere la visuale sulla parte posteriore del veicolo

> **Commento**
>
> Gli specchietti retrovisori permettono la visuale sulla parte posteriore del veicolo.

71) C. Bianche

> **Commento**
>
> Le strisce pedonali hanno un colore bianco.

72) D. Fare andare indietro il veicolo

> **Commento**
>
> La retromarcia, una volta azionata consente di far andare indietro il veicolo.

73) A. La postazione adibita alla seduta

> **Commento**
>
> Il sedile è la postazione adibita alla seduta.

74) D. Specchietto retrovisore

Commento

Lo specchietto retrovisore è posto sopra il cruscotto. Il cruscotto ospita dentro di sé:

-Contachilometri;

- Spie Luminose;

- Numero giri del motore.

---

75) C. P

Commento

L'azionamento del freno a mano attiva una spia luminosa di colore rosso, con all'interno la lettera P maiuscola.

---

76) B. Per avere una migliore visuale sulla parte posteriore

Commento

Bisogna regolare gli specchietti retrovisori per avere una migliore visuale su ciò che accade sulla parte posteriore del veicolo.

---

77) D. Blu

> **Commento**
>
> Il semaforo è un segnale luminoso formato dai colori giallo, rosso e verde.

78) A. Circolare

> **Commento**
>
> Il segnale che indica la fine di una limitazione di velocità ha una forma circolare.

79) B. Girare il volante a destra

> **Commento**
>
> Per far svoltare l'automobile a destra bisogna girare il volante a destra.

80) D. Sospensione momentanea della marcia

> **Commento**
>
> La fermata è la sospensione momentanea della marcia.

BIBLIOGRAFIA

Messina, A. (2023). *I quiz dell'esame per la patente di guida. Eserciziario per le patenti A e B.* Milano: Alpha Test.

MINISTERO DELLE INFRASTRUTTURE E DEI TRASPORTI. (2002). *DECRETO 10 luglio 2002.* Roma: Gazzetta Ufficiale.

Molinari, N. (2018). *La Patente di Guida - Manuale Teorico e Quiz per l'Esame: Manuale teorico e quiz per l'esame - Categorie A e B e relative sottocategorie .* Napoli: Edizioni Simone .

Peluso, A. (2024). *PATENTE A, B, BE - Manuale di Teoria con tutte le risposte vere dei quiz ministeriali.* Settimo Milanese: EDPP.

Sangalli, R. (2021). *La Patente Di Guida A, B, BE - Testo e Simulazioni dei Quiz aggiornati alle Nuove Modalità d'Esame in vigore .* Rimini: Maggioli Editore.

RISORSE UTILI

- **Codice della strada:**

https://www.gazzettaufficiale.it/sommario/codici/strada

Pagina visitata il 14/02/2024.

DISCLAIMER

Le informazioni contenute in questo libro sono a scopo informativo e non fanno riferimento alla particolare situazione di un individuo o di una persona giuridica.

Non costituiscono oggetto di consulenza. Questi contenuti non possono sostituire la consulenza individuale da esperti in singoli casi concreti.

Nessuno dovrebbe agire sulla base di queste informazioni senza un'adeguata consulenza professionale e senza un esame approfondito della situazione.

L'Autore non si assume nessuna responsabilità per le decisioni prese da parte del lettore sulla base delle informazioni fornite in questo libro.